PROXENETAS DE BABILONIA

PROXENETAS DE BABILONIA

ANTONIO MANUEL RODRÍGUEZ RODRÍGUEZ

Valparaíso
EDICIONES

Número 479 de la Colección VALPARAÍSO DE POESÍA
dirigida por FEDERICO DÍAZ-GRANADOS

Diseño de colección: Chari Nogales
Diseño portada: Juanjo Ruiz Navarro
Texto Contraportada: Pepe Pérez-Muelas
Maquetación: Carlos Henson

Primera edición: junio de 2025

© De los poemas: Antonio Manuel Rodríguez Rodríguez
© Imagen de portada: Marcela Ribadeneira

© Valparaíso Ediciones
C/ Fray Leopoldo, 7 bajo, 18014 Granada
www.valparaisoediciones.es

ISBN: 979-13-87538-48-4
Depósito Legal: GR 880-2025

Impreso en España - *Printed in Spain*
Gráficas Gami

PROXENETAS DE BABILONIA

Su bandera era la risa en estado de alarma.
JUAN CARLOS ARAGÓN, *LOS PEREGRINOS*

*Dios les ha puesto en el corazón la determinación de hacer lo que él quiere que
hagan: se pondrán de acuerdo para entregar su autoridad de reyes al monstruo,
hasta que se cumpla lo que Dios ha dicho. La mujer que viste es aquella gran
ciudad que domina a los reyes del mundo.*
APOCALIPSIS 17: 17-18

*Babel gime como las parturientas,
como los condenados,
como los mudos,
como los que acaban de nacer.
Entonces yo le doy la bienvenida:
Bienvenida, Babel, entre los mortales,
porque quien gime, en vez de hablar,
será consolado.*
CRISTINA PERI ROSSI, *BABEL, LA MALDICIENTE*

PROXENETAS DE BABILONIA

Abres los ojos impregnados por la excitación.
Ventajas de ser uno de los miembros principales de esta secta.
Tu felicidad momentánea en manos de una sonrisa vectorial.
Recíbela gratis antes del x/x/xxxx, antes de la explosión del fin del mundo.
Necesidades subsanadas *From A to Z*
y otra apropiación cultural en la ribera del Amazonas,
otra colonización envuelta en la pesada densidad del dióxido de carbono,
otra atrocidad más del Hermes posmoderno.

—Mamá, ¿hacia dónde nos encaminamos?
—¿Hacia qué lugar nos han dirigido, hijo mío?

Muerdes la manzana envenenada antes del desayuno: expulsión del Paraíso.
Leyes tácitas con más gravedad que las de Newton
para una Blancanieves que duerme a pierna suelta.
Gusanos que emergen del interior del fruto con implacables mantras: *Think
Different*,
percutiendo en mutantes extremidades *Designed For Humans*.
El resplandor del sol naciente, cuyos pétalos rojos subrayan la importancia de la
empresa:
un día más para acometer un logro magnífico, espacio reservado *For The Brave*,
mientras el Congo se desangra financiado por la extracción de órganos de su
tierra,
por el descubrimiento de la piedra filosofal de los alquimistas del nuevo milenio.

—Papá, ¿en qué nos hemos convertido?
—¿En qué nos han transformado, hijo mío?

Te asomas a la ventana desde tu cubil de barrotes rojos, verdes, azules
   y amarillos.
Oteas el horizonte, el mar parece en calma: *Where Do You Want to Go
   Today?*
Barquillas navegando ante la mirada rojigualda,
sobre los raíles jerarquizados para la búsqueda de la aventura diaria.
¿Quién es el capitán de este crucero?
Dudas de la libertad de tu travesía,
de la naturalidad del viento que infla las velas,
de la salinidad del inmenso océano acotado;
pero *Don't Be Evil*, pequeño,
y naufraga en la apasionante Isla de las Subastas:
¿Alguien da más?

¿Cuánto estás dispuesto a apostar por tu tiempo? *Buy it. Sell it. Love it.*
—Hermana, ¿qué es lo que voy a aprender hoy?
—¿Qué es lo que nos van a enseñar hoy, hermano mío?

Sorbes tu café caliente, parido del vientre de plástico de una capsulita.
¿Qué mejor forma de arrancar la jornada? *What Else?*
¿Y tú me lo preguntas, George?
Suena el estridente piar de unos polluelos en el nido,
recibiendo del pico de su madre su alimento diario: *Good Food, Good
   Life*.
Desayuno químico: la nueva tradición gastronómica.
El festival de la mañana alcanza su clímax en una danza de animales
   antropomorfos
sobre un escenario de colinas blancas y empalagosas:
una rana y un mono con un look juvenil,
un oso con un peto vaquero,
un tigre musculoso,

una abeja aviadora y un gallo verde cuyo cacareo te anima a comerte el
mundo: *Let's Make Today Great.*

—Hermano, ¿cómo vamos a pasar el día?
—¿Cómo nos permitirán que lo pasemos, hermano mío?

Te sientas en tu trono descargando tu intestino,
desnudo de cintura para abajo en el espacio donde publicar es vivir.
Tu cara es un libro vacío
y tu identidad es violada por pulgares hacia arriba y guiños de caritas
    amarillas encantadoras: *It's Quick and Easy.*
Cesión irrevocable de derechos personales,
desconocimiento de las cláusulas del contrato.
Tu imagen frente al espejo, maquillada con filtros que ocultan defectos
    y atraen manjares a tu ego.
La belleza no permite la exhibición de estrías,
puntos negros,
celulitis
ni depravados pezones.

Focos, cámaras y… ¡Acción! *Capture and Share The World's Moments.*
Agarras el papel higiénico para limpiar la mierda vertida en el foro de
    los gladiadores,
protegidos con escudos anónimos,
apuñalando al conocimiento con doscientos ochenta espadazos
    cargados de impúdico odio ignorante.
El césar abre sus alas blancas y celestes blandiendo el destino de los
    combatientes: *It's What's Happening.*

—Abuela, ¿qué recuerdas de tu infancia?
—¿Quién ha diseñado mi memoria, nieto mío?

Subes al autobús contemplando el humo denso de los tubos de escape.
Do You Like Driving?
El resplandor de las tres puntas de la estrella centellea en los rostros
altivos de los pilotos remarcando las diferencias de clase.
Llega el rugido de los motores al ritmo de la música celestial (o
infernal, según el punto de vista) del *The Best or Nothing*.
Atmósfera contaminada por heráldicos caballos negros cuyo trote
resuena en tu conciencia.
¿Tenemos un plan B para la Tierra? *There Is No Substitute*.
El relincho del caballo italiano atraviesa desvergonzado los endebles
huesecillos de tu oído.
El lujo siempre tuvo altos tributos que pagar, querido planeta, por más
que intentemos usar los mecanismos electromagnéticos de la bobina
de Nikola Tesla.
Nuestra inducción es más bien ovina. *Revolutionize Your Commute*.

—Abuelo, ¿cómo ves el futuro?
—¿De qué forma nos lo proyectarán, nieto mío?

Entras en el purgatorio: sábado en un centro comercial.
Los reinos de diamantes tienen reservado el derecho de admisión,
sus fronteras perfumadas con cinco pulverizaciones
(porque todos sabemos que el cinco es el número de la esencia de la
elegancia)
que fumigan las plagas de bolsillos vacíos.
El tictac de un reloj de oro imprime en el tiempo las máximas de estos
feudos: *True Love Has a Colour and a Name*
(a lo que añadirías que, también, un precio).
Bisutería para rellenar almas vacías.
No olviden embadurnar los poros de su piel

(¿quién dijo eso de que la arruga es bella?),
corregir las imperfecciones de sus rostros
y el paso del tiempo de sus cabellos: *Because You're Worth it*.
Solo puedes permitirte la fragancia de la flor de azahar,
la que emite un hedor a condiciones de salubridad, higiene y
alimentación deficientes de las costureras del imperio.
Vende tu suerte al trébol de aspecto vintage
o a la montaña que te hará superar desafíos: *Impossible Is Nothing*.
¿Qué nos importará a nosotros la explotación infantil en países como
Vietnam,
Camboya,
Pakistán
o Tailandia
si podemos correr por avenidas asfaltadas
ataviados con las engalanadas pieles de mil colores
de las idealizadas estrellas del deporte?
Sigue la señal del ala de la Diosa de la Victoria y no preguntes: *Just Do
It*.

—Vecina, ¿cómo debo vestirme para salir a la calle?
—¿Cuáles son las normas de etiqueta y protocolo que debes cumplir,
vecino mío?

Te tomas un descanso limpiando el óxido de tus tripas
para dejar hueco libre al cáncer de estómago.
La fórmula del jarabe es un secreto de estado
robada de las plantaciones de caña de azúcar del pueblo guaraní.
La chispa de la vida enciende la mecha de la muerte,
pero *Open Happiness* y saborea cual blanco oso polar el patriotismo

burbujeante de un Papá Noel rojo y desvergonzado. *That's What I
Like*,
¿y no preferirías coronarte como *The King of Beers*
o sentirte un revolucionario tatuando una estrella roja en tu hígado?
Open Your World.
Un tentempié, estómago saciado con los placebos que aspiran a ser
comida
y visita al tintineo del viejo número siete para *Make It Count*
o al congelado paseo con Juanito el Caminante: *Keep Walking*.
Un toque de clase y un golpecito más a las neuronas adormecidas.
Para despertar de esta modorra:
¿qué mejor que hacerlo con los cantos de la sirena de doble cola
y su mágico brebaje elaborado con semillas manipuladas
genéticamente?

—Vecino, ¿cuándo podremos respirar aire puro?
—¿Cuándo se decidirán a limpiar la mierda que nos envuelve, vecino
mío?

Evitas el autobús para la vuelta a casa,
pero no hay problema en ello,
puedes solicitar un conductor privado trajeado
con deslealtad competitiva
y lisonjeros protocolos de etiqueta:
caramelos de menta para tu pestilente aliento
y una botellita de agua para pasar el trago.
Alzas tu mirada
y contemplas al águila volando sobre barras y estrellas,
sosteniéndose gracias a combustiones de azufre tan invisibles como
irrespirables
directas a tus pulmones: *Our Favorite Destination Is Yours*.

Aprecias la grandiosidad suspendida del rocho
deslizándose de derecha a izquierda,
saludando a la mañana.
Tu liquidez es tan ajustada que tendrás que jugártela
y poner tus derechos a disposición de las aves carroñeras bañadas en
oro
para que las vulneren con sus garras.
Es la única manera de vivir experiencias (supuestamente)
imprescindibles
para aumentar tu atractivo y tu satisfacción personal.
Preparados para el despegue de la lata de sardinas: *The Low Fares
Airline*.
—Amiga, ¿por qué deseamos tantas experiencias?
—¿Por qué o por quién comenzamos a sentir esta ansiedad, amigo
mío?

Ardes en el infierno de tu casa
ante la pasividad de un tiempo que se detiene: *Welcome to the
Independent Republic of Your Home*.
No te hagas el sueco, que tienes cosas que hacer:
manos a la obra,
ponte el uniforme de carpintero de andar por casa y a montar el
escritorio.
Sigue las instrucciones y todo saldrá como deseamos.
No te dejes atraer por el imán magnético de la cocina,
aún es pronto para picar,
pero su resplandor es hipnótico: *Invented for Life*.
No olvides asearte bien para esta noche:
cepillado para una sonrisa de anuncio
y rasurado para dejar tu cara como el culito de un bebé: *The Best a Man
Can Get*.

No te entretengas construyendo infantiles castillos de plástico por más
que escuches que *Only the Best Is Good Enough.*
¿Qué opinaría el océano si pudiera hablar?
¿Acaso no estamos escuchando ya sus gritos desesperados?
Antes de cenar engancha tu caja X
o al fontanero bigotudo más famoso del mundo
y enciérrate en tu prisión cegadora
donde te sientes más libre que en ningún lugar: *There's No Play Like it.*
Una pequeña adicción no hace daño a nadie,
es un entretenimiento como cualquier otro,
una realidad paralela embaucando a seres asociales. *Do Not*
   Underestimate the Power off...
¿Qué peligro puede conllevar pulsar unas figuritas geométricas? *Live*
   in Your World. Play in Ours.
¿O era Juega en tu mundo. Vive en el nuestro?

—Amigo, ¿cómo descubriremos el mundo?
—¿Quién ha construido la realidad, amigo mío?

Sientes el sonido de tus tripas, la alarma de la cena.
Sacas el látigo y azotas a las tortugas en bicicleta
en cuyos caparazones ocultan un salario de mierda
y unas condiciones de trabajo lamentables.
El soberano espera en su mesa la llegada de sus súbditos,
quienes servirán su comida con una enorme sonrisa
y esa amabilidad que se les exige: *You Order. We Get it!*
¿Qué indigesta ambrosía ofrecerás hoy a tu maltrecho estómago?
¿Te dejarás alimentar por las manos de un viejo miope y loco
que cría, engorda y sacrifica a sus pollos
con una crueldad y franqueza (o era franquicia) terroríficas? *It's Finger*
   Lickin' Good.

¿Agasajarás a tu cuerpo con los manjares del rey sociópata de la
    hamburguesa
o cederás tu aparato endocrino a las manos del psicopático payaso
que te ofrece un menú feliz y te abre los arcos dorados
para facilitar tu ingreso en el reino de la obesidad,
la opresión arterial y el aumento del riesgo de infarto?
Basura ingente, fritangas por doquier y montones de azúcar.
¿Y la carne?
¿Vas a perder el tiempo pensando en cómo producen sus alimentos
con lo gracioso que es el muñequito de la caja? *I'm Lovin' It!*

—Compañera, ¿con qué alimentaremos nuestro cuerpo?
—¿Con qué están inoculando nuestro espíritu, compañero mío?

Te lanzas al sofá para desconectar de esta asfixiante jornada.
Mientras buscas entre los callejones del universo audiovisual
el contenido perfecto para caer rendido en los brazos de Morfeo,
suena la música verde de las sonoras ondas algorítmicas.
La sinfonía es interrumpida por los constantes y repetitivos anuncios.
Si no quieres publicidad, ¡hazte premium!
Los privilegios hay que pagarlos, amigo.
Pulsas el botón rojo de play en tu teléfono móvil
para contemplar con espanto el video viral que te han enviado tus
    amigos.
No te agobies,
ya se encargan los actores y actrices de la realidad en *streaming*
de enseñarte cómo debes reaccionar,
cuáles son las pautas que debes seguir para emocionarte
y, en definitiva, cómo tienes que vivir.
Tú también puedes disfrutar de tus quince minutos de fama,
¿a qué esperas? *Broadcast Yourself.*

El supermercado digital cargado de productos a granel
te apoltrona en tu sillón
adormeciendo la revolución que corre por tus venas.
Invasión de mercados locales,
imperialismo cultural,
adicción maratoniana,
consumo de energía haciendo tiritar los recursos del planeta
y, como final apoteósico, la emisión imparable de gases de efecto
    invernadero.
¡Qué grande es el cine!
Sigue la voz melodiosa de la gran N roja como la sangre: *See What's*
    Next.
Aún tienes tiempo de atravesar el fantasioso castillo congelado
para dar de bruces contra una realidad llena de desigualdades,
marginación y discriminación social.
Pero, ¿y lo simpático que es este ratoncito,
el amo y señor de este etéreo territorio? *Where Dreams Come True.*

—Compañero, ¿cómo alcanzar nuestros sueños?
—¿Cómo escapar de esta pesadilla, compañero mío?

Rebuscas en el armarito de las medicinas,
la cabeza te va a estallar.
Saboreas los ricos placebos de efectos secundarios
y presiones primarias a los profesionales sanitarios.
Resuenan los aullidos del lobby feroz
que suministra finales de cuento:
cánceres, infartos y vacunas
para protegernos de las enfermedades que ellos mismos producen.
Menudo giro de guion.
Al menos la pastillita azul hará que se me ponga como una piedra, ¿no?
    Health for All

(siempre que puedas pagarla).

Necesitas una aspirina porque el dolor es insoportable.

La introduces en tu boca mientras miras de soslayo el nombre de los
   laboratorios.

Te niegas a abrir los ojos y aceptarlo:

eres cómplice de la creación de gas nazi,

pesticidas antiecológicos

y vertido de productos químicos en los alimentos.

¡Viva el progreso de la humanidad! *Science For a Better Life*.

—Desconocida, ¿me estoy volviendo loco, estoy enfermo?

—¿Quién delinea los límites de lo normal y lo sano, desconocido mío?

Te tumbas en la cama aferrándote a las sábanas

para protegerte de los monstruos que habitan en el exterior.

¿Y dónde refugiarse de los que se han acomodado a tu interior?

El olor a chamusquina de los dieciséis dígitos de PVC te persigue *It's
   Everywhere You Want to Be*.

Todavía no has pagado las facturas de la luz ni la del agua

y llevas un retraso de dos meses en la letra de la hipoteca.

Los intereses aumentan y la soga se va ajustando cada vez más a tu
   cuello.

Has jugado con las reglas impuestas por los líderes mundiales

y no quisiste comprender que este no era un juego de suma cero.

La banca vuelve a ganar, señores.

¡Hagan sus apuestas!

La ruleta no deja de girar un solo momento.

¿Rojo o negro?

¿Par o impar?

Los paraísos fiscales, fraudes y malversación de fondos están
   reservados

para los afortunados nombres en mayúsculas.

Asegúrate cierta cantidad del sudor de tu frente,
guarda para mañana el calcio de tus huesos.
No olvides nunca que debemos ser hormiguitas,
no hay espacio para tantas cigarras en el desfile de la economía.
Y recuerda: *There Are Some Things Money Can't Buy. For Everything Else...*
You know:
grilletes concéntricos en tonos cálidos.

—Desconocido, ¿por qué me siento tan cansado?
—¿Y cómo descansar soportando esta carga, desconocido mío?
Cierras los ojos intentando atrapar el sueño,
pero tu cerebro está disparando agitados flashes
que se superponen en una misma fotografía.
Pavorosos espasmos te recorren de la cabeza a los pies
al asistir a la traca de imágenes que pone punto y seguido a tu día.
Coronas oxidadas posando con innaturales gestos de superioridad
    sanguínea,
ostentosos vestidos rodeados de telarañas
y altivas miradas de nostalgia hacia el pasado.
Soldaditos descerebrados acometiendo sus misiones a paso firme y
    decidido,
arrancando sus disciplinados tanques
y disparando a sangre fría sus obedientes balas a los objetivos que les
    han marcado.
Crucifijos cubiertos de polvo
aferrándose a las mentiras de sus iconos y la riqueza de sus palacios,
astros celestes alterando la sangre de moldeables jóvenes
y una estrella de seis puntas clavando cada uno de sus vertiginosos
    vértices amnésicos
en los costados de sus hermanos.
Hemiciclos afectados por una plaga de ratas sordas,

obviando al semicírculo que grita desesperado,
indiferentes ante las lágrimas que les regalaron sus asientos.

Banderas cuyo ondear desliga los eslabones de nuestra cadena
    genética,
cuyo izar regala un amplísimo catálogo al gusto del consumidor,
cuyos escudos han absorbido la autonomía de nuestro pensamiento.
¡Pasen y vean, señoras y señores!
¡Hay espacio para todos en El Gran Circo de la Humanidad!
¡En El Inmenso Prostíbulo de Babilonia!
¡Tomen asiento y déjense embaucar por la fabulosa magia de nuestros
    artistas!
¡Y no olviden comprar un detallito para el recuerdo al salir!
¡Adquieran su propia isla personal en el archipiélago de los *ismos*!
¡Rechacen imitaciones y a todos aquellos estafadores que afirman que
    la Tierra se dirige hacia una implosión del tamaño de Pangea!
¡Oferta ilimitada solo para hoy: 2x1 en estas bellísimas parcelitas de
    paraíso!

—Humanos y humanas, ¿dónde se perdió el baile de las pieles
    crepitantes, los tuétanos ahumados y las miradas carbonizantes?
    ¿Dónde quedó la hoguera en la que arder entre fluidos compartidos
    hasta deshacernos en una masa homogénea de cenizas inmortales?
    ¿Dónde se ahogó nuestra esencia más profunda?

Un bukake multitudinario (y multinacional) que explota directamente a millones de bocas abiertas (y hambrientas) durante trescientos sesenta y cinco días al año, siete días a la semana, veinticuatro horas

El miedo del pobre lubrica su lengua.

LA OSCURA MAGNOLIA DE TU VIENTRE

Manada de caballos negros galopando sobre mis tuétanos.

Zapateo al compás de bulerías deambulando en una suerte de sístole
y diástole.

Crujido incesante de tripas en movimiento perpetuo hacia el infinito.

Cosmos oscuro e insondable en el que navego a la deriva.

Agujero negro imponiendo un íntimo plegado espaciotemporal.

Algo se agarra con fuerza a mis entrañas y soy incapaz de definirlo.

Algo.

(*1. pron. indef. n. 'Designa una realidad indeterminada cuya identidad no se
conoce o no se especifica'*. DRAE. 23.ª ed.)

Los músculos se despiden invisibles desgarrándose en silencio.

Cesión de protagonismo a mis descalcificados huesos.

La vista es una cámara fotográfica sin objetivo.

El gusto es una lija atrofiada por cápsulas prescritas.

El oído es el único asistente al concierto sinfónico de truenos,
huracanes y bramidos.

El olfato es un soldado asolado por un bombardeo de toxinas.

El tacto es un rehén preso en el asfixiante búnker de níveos azulejos.

Mármol inerte cuya fricción tectónica causa un terremoto de dentro
hacia fuera.

Clepsidra rota por sudores incontenibles.

Efluvio de sales minerales desbocadas como una catarata.

El estallido de una supernova recorre mis intestinos a la velocidad de
la luz.

Erupción volcánica de inconsistentes glaciares hechos añicos.

Mi temperatura corporal baila al compás *prestissimo* del metrónomo

Frío

Calor

Hielo

Fuego

-40º

40º

Febril insomnio entre brumosos océanos filamentosos.
Retorcido como un muñeco de alambre.
Inestable como un muñeco de barro.
Insensible como un muñeco de trapo.
¿Qué me sucede?
¿Por qué esta sensación inexplicable?
¿Por qué ni las palabras mitigan el dolor?
—Solo hay una palabra para expresarlo. Eso se llama AMOR, querido.

¿Las consecuencias de un amor desgastado?
No, ahora lo recuerdo.
Según mi médico se llama GASTROENTERITIS.

MÁS SIMPLE QUE EL MECANISMO DE UN BOTIJO (POEMA NO RECOMENDADO PARA DIOSES Y GENIOS)

Soy escritor.

Sí, lo soy.

Y lo soy simplemente porque escribo
o porque me posiciono como tal,
aunque no llegue al nivel del colorismo modernista de Rubén Darío
ni al compromiso social de Pablo Neruda
ni siquiera al lirismo urbano de Luis García Montero, EL POETA.

Lo soy,
aunque me falten agallas,
ambición
y, sobre todo, alguna publicación que sustente tal afirmación.

No digo que escriba bien ni mal
ni siquiera que tenga talento.

¿Qué diantres es el talento?

¿Y qué diantres significa diantres?

Será alguna de esas palabrejas poéticas.

El talento es un escalofrío sobre un foso,
una vibración apagada dentro de una caja de pino,
una intrascendencia más en la vida finita de cualquier ser humano.

Me apabullan los nuevos inventores de la vieja literatura,
la escasa memoria de esos gigantescos cerebros
y el olvido en el que se asfixia Grecia.

Si no está todo en Homero,
que venga dios y lo vea
(o, mejor, los dioses.

O, incluso, los creadores de dioses).

Debe ser insoportable ser un genio,

una deidad en un mundo de ignorantes
y que un simple mortal te adelante por la derecha,
una mortal por la izquierda
y que se te cuelen por abajo y por arriba
(aunque tú creas que nadie puede llegar tan alto)
arrebatándote tu parcelita de gloria,
tus símbolos de oro
y tus altares onanísticos de mármol impoluto.
Menudos animales aquellos que disfrutan con el roce de otras pieles...
¡Están hechos unos salvajes!
Para su merced, siempre en contacto con el barbas de arriba
(y, por supuesto, en línea directa con el del rabo retorcido y cuernos de
        abajo)
hincar la rodilla ante los bárbaros debe ser poco menos
que una desgracia de proporciones bíblicas.
Aunque usted jamás admitirá la derrota
y buscará culpables hasta debajo de las piedras;
ya que los seres perfectos, como tal adjetivo indica, no conocen los
        defectos ni los errores.
Usted, tan de sangre azul,
tan de noble y cultivada mirada,
tan de ropajes inalcanzables,
se ve condenado por una masa de papilas gustativas atrofiadas,
una plebe de "juntaletras"
(término muy de su refinado gusto)
sin el mayor resquicio de originalidad.
Pero, ¿alguien le pidió originalidad?
Por otra parte, ¿qué significa exactamente «originalidad»?
Quizá, solo expongo mi duda ya que no estoy al nivel de los + grandes,
significa "ausencia de conocimiento",
o quizá "aún-te-queda-mucho-por-leer-campeón",

o quizá mis ojos se están comenzando a arrugar
y no soy capaz de ver esa pátina deslumbrante
con la que, junto a su inseparable aureola y su bata de
   experimentación,
se nos aparece para salvarnos de la necedad a la que nos abrazamos,
de la mediocridad en la que respiramos,
de la adulterada República de las Letras
en la que andamos perdidos como ovejas sin pastor.
¡Ya está bien de democracia!
¿Qué es esto, una organización asamblearia?
A la literatura... perdón, a la Literatura
le vendría bien un golpe de Estado,
un rey (huelga decir que Usted es el más preparado para el puesto)
o un tirano que hiciera rodar unas cuantas cabezas y sus respectivas
   manos.
Avíseme con tiempo,
si es usted uno de esos Supraseres
que, desde su grandeza, muestra cierta clemencia con los antiguos
   humanos,
para bajarme en marcha del tren
de sus preciosas, novedosas e inconmensurables pelotas.
Soy demasiado terrenal para habitar en un mundo de calles
   despojadas de raíces,
aires límpidos de oxígeno y aliento mañanero,
e intelectos a los que rendir culto en el templo del conocimiento
   unidireccional.
Disculpen, si es que pueden sus solemnes majestades,
a este escritorcillo de tres al cuarto
que disfruta como un gorrino en un maizal escribiendo en el teléfono
   móvil
mientras apoya la mano que le queda libre en las láminas del radiador,

usando por primera vez la palabra «diantres» en un poema,

comiendo un simple plato de pasta al forno con pomodoro,

    besciamella vegana y parmigiano junto a su novia y su cuñada,

conversando alrededor de un cigarro con su amado ser bicéfalo

y terminando de leer *Un hombre del pueblo* de Chinua Achebe o la poesía

    de Wislawa Szymborska.

Disculpen a esta inepcia hecha persona.

Disculpen por ser tan simple como el mecanismo de un humano.

MI PATRIA ES UNA BOLSA DE VIAJE DE IDA Y VUELTA

Mi patria es una bolsa de viaje de ida y vuelta,
esos pasos seguros en vientres compartidos,
un útero que abriga rompiendo las cadenas
y unas puertas abiertas donde muere mi olvido.

Mi olvido, que es memoria de calles y plazuelas,
pupitres condenados y bálsamos de trigo,
siestas en el fragor de intensas duermevelas
y sueños que han volado cuando he abierto mis ojos.

Mis ojos, ya cautivos, mirando en otra lengua
aquella infancia lenta manando de un olivo;
la savia entre rastrojos que arden con tu ausencia
calienta e ilumina el hueco de mi ombligo.

Mi ombligo que refleja los surcos de tu esencia,
de humildes jornaleros allanando el camino,
marineros que lanzan sus redes a la tierra,
sudor bañado en oro, líquido de mis versos.

Mis versos, tan deudores de tus divinos santos,
paganos, cotidianos, de tu gente sin nombre,
de sillas que conversan en noches de verano
y vasos que despojan el peso de mis hombros.

Mis hombros que tiritan rasgados por tu espanto,
de almas que deambulan ajadas y conformes,

de unos dientes de leche que no muerden las manos
que roban sus recursos y rebelan mi canto.

Mi canto clama al cielo por todos mis hermanos,
por mujeres valientes y futuros insomnes,
por semillas que abracen la entraña de tus campos,
por las risas saciadas que rujan en mi oído.

Mi oído que ya añora melodías de secano,
de jaranas y ferias, de la paz de tus montes,
paraíso interior que rebosa de encanto;
ese rincón prohibido donde nace mi abrazo.

Mi abrazo, tan lejano, que late tras tu estela,
senderos de tractores, palabras de perdices;
las venas de mi vida: hermana, madre, abuela
y un padre inesperado que guardo en mi mochila.

Mi mochila, sin ropa, repleta de raíces,
de húmedos recuerdos varados en mis suelas,
de pieles consanguíneas, colores y matices.
Mi patria es una bolsa de viaje de ida y vuelta.

DE REMIENDOS Y PESPUNTES

Un nuevo remiendo más
para la sostenibilidad de unos harapos desfasados.

Pespunte por aquí...

Conecta el móvil
que estás al 49% de batería.
Se te ha olvidado ser escritor,
pero recuerdas las avenidas en las que circulan los organismos más
    deleznables del planeta.
Y tú aún sin cambiar el aceite.

Pespunte por allá...

La polución se filtra por las persianas mientras escuchas el ronquido
    del ordenador portátil
(Asus o Acer, no te fías de la manzana podrida).
Tres camisas de Zara en el armario
preparadas para contar mentiras.
De algo hay que comer, ¿no?
Y esa tela come tela.

Pespunte por acullá...

En la escafandra apesta a fracaso y alcanfor.
Perfume de cabecera.
Y el maldito WhatsApp
y su maldita incapacidad para captar la calidez de tu voz.

Y el maldito Facebook
y sus malditas notificaciones a deshoras para apoyar noséqué página
de arquitectura técnica.
Lo llaman evolución (o algo por el estilo).

Esqueletos de cemento
calentador eléctrico
colchón viscoelástico
nevera medio vacía
estantería con libros
dos paquetes de Pueblo
bolígrafo de gel azul
blog de notas A5 de tapa dura
intento de poema con los hilos abiertos.

Lo siento, nunca se me dio bien la costura.

Enhebrar la aguja es una odisea mastodóntica para un pulso tan
inestable.

PROHIBIDO INSPIRARSE CON MUSAS

Como está prohibido referir a las musas,
no puedo afirmar que este poema surge de la pulsión generada por tu
    ausencia,
de la nostalgia de vertiginosos terrenos horizontales
o del arañado fuego de la asfixia.

Como ya no se permite hablar de las musas,
debo reprimir la admiración a tu finita belleza,
a la gruta olorosa de tu orografía,
a la narcótica calidez de tu voz.

Como se considera desfasado nombrar a las musas,
tengo que controlar los versos extraviados en la humedad de tus
    labios,
los dedos presos entre tus enmarañadas rejas,
la violación sigilosa a la punzante soledad.

Como es tan patriarcal citar a las musas,
se cierran las palabras frente al recuerdo de la erosión de dos cuerpos
    jóvenes,
el nacimiento de las blancas grietas de la putrefacción,
el cansancio aburrido del *nosotros*.

Como no está de moda recurrir a las musas,
gritaré al hueco sordo de mi almohada,
a los estrábicos zapatos de mi cojera,
al retrato insomne de mis mañanas.

Como ahora es ilícito citar a Mi Musa,
se me olvida la escritura que aflora de la pasión,
el amor que fluye de la tinta de mis venas
y la tormenta que empapa mi nocturno disfraz de poeta.

DSM BY APA (DIAGNOSTIC AND STADISTICAL MANUAL OF MENTAL DISORDERS BY AMERICAN POETRY ASSOCIATION)

Inestabilidad
Parálisis motriz
Estancamiento mental
Cansancio
Ansiedad
Depresión
Frustración
Caos emocional
Lista de enfermedades del siglo XXI.

Facturas del psicólogo-terapeuta
Meditación
Clase de yoga a las 5 lunes y miércoles
Construcción de nuevos caminos
Traje hecho a medida para el futuro
Aceptación de tu reflejo
Tranquilidad
Pecho henchido
Pasos firmes y elegantes
Bachecito
Recaída
Vuelta a la casilla de salida
Agitas el cubilete
Lanzas los dados
3 y 6
Estancamiento mental

Frustración
Acumulación de facturas
Cambio de maquillaje
Tu historia es cíclica (como decía aquel)
Adaptación al ritmo artificial
Tú puedes
Solo tú puedes conseguirlo
Que nadie te diga lo que no puedes hacer
Quiérete
Ámate
Cree en ti
Lista de enfermedades occidentales del siglo XXI.

Hambre
Desnutrición
Guerra
Explotación
Respiración insalubre
Riñoneras con balas a la vuelta de la esquina
Agua: la eterna búsqueda del tesoro
Peregrinaje educativo
Pandemias cuatro estaciones
Ropa (sin más y si acaso)
Quijadas protuberantes
Expolio de recursos maternos
Útero defenestrado
Violación
Ablación
4 paredes + 1 techo = demasiada fortuna
All in al viejo continente
Apuesta: su vida

Naufragio

Hipotermia

Muerte

Añoranza

Miradas acribilladoras por la espalda

Vómito de palabras

Racismo rasgando la piel

Lista de enfermedades raras para occidentales desde hace demasiados
siglos.

ESTO NO ES MÁS QUE OTRO POEMA DE AMOR, DE AMOR NOSTÁLGICO, DE AMOR ANTIBUROCRÁTICO, DE AMOR APOPLÉJICO

Senderos cruzados (que no «bifurcados», señor Borges).

Apoplejía.

Ahorcados al teléfono.

Ocio comunicando.

Bombona de oxígeno a 100 kilómetros.

«Eso no es na' con el coche».

Dilatadoras arterias de sierra.

«Querrás decir diletantes»

Quería decir "dilatantes" pero la Academia aprieta.

Esclavos normativos.

Latidos del mio cuore titilando desde la metrópoli.

Acúfenos de añoradas caderas.

Nostalgia de acidez pomodorosa.

Tú me entiendes.

«No jodas que esto no es más que otro poema de amor».

Como todos, canijo.

Amor a una persona.

Amor al colectivo.

Amor a la cotidianeidad.

Amor a tu odio.

Amor a tus crisis.

Amor a tu rabia.

Amor a tu necesaria conciencia de clase.

Amor a tu ego.

O simplemente AMOR.

Un poema destila amor.
Salvo si el destinatario se llama burocracia.
Antípodas de lo sublime.
Antagonista de los sudores entreverados.
«No te me pongas en plan drama King, ieh!».
Te hago un croquis.
Cartografía del futuro a corto plazo:
Bulimia seriéfila por un lado.
Partidos sedantes por otro.
Trabajo infumable por un lado.
Trabajo insufrible por otro.
Silencio crepuscular por un lado.
Silencio crepuscular por otro.
Promesas de estabilidad.
Cuentos chinos en bucle.
Proyección en cámara superlenta:
Caaaa
rreeee
teeeee
raaaaa
coooor
taaaaa
daaaaa
Atención peligro.
Señal [PRECIPICIO].
Marcha atrás.
Embrague quemado.
Pastillas de freno gastadas.
Rellene su solicitud antes del (introducir fecha).
Antihéroes armados.
Bozales ignominiosos.

Cadenas confortables.

Vaselina recalentada.

Artillería pesada.

«Venga, va, ve ensayando tu mejor sonrisa que las fieras huelen el miedo».

¿No se te olvida nada?

«Que han sacado los sabores agrios y amargos del menú».

¿Algún consejito más?

«Todo el rollo de la productividad, pero en tu caso nos vale con tu consentimiento».

Vale (que no «Vale», señor Cervantes)

AMOR URBANO / *«LOVE IS IN THE TOXIC AIR»*

Esclavos de amasijos de posibilidades innecesarias,
del hedor a asfalto y hormigón,
del neón cegador.

Propensos a la violación de nuestras cuentas corrientes,
a las agujetas estresantes,
a los codazos y empujones subterráneos.

Supervivientes de plásticos circulares con forma de fruta fuera de
    temporada,
de nubes de oxígeno negro,
del amor penetrante acelerado.

Adictos a la indiferencia de las miradas,
al silencio de tímpanos inalámbricos,
a la estampida de pasos voces bolsas anónimas.

Infectados por boletos rasca y gana de experiencias inútiles,
por las trompetas del apocalipsis hegemónico,
por los narcóticos del gaseoso sueño americano.

Embutidos en ambiciones de piel de bótox,
en negativos revelados por millones,
en madrigueras deshumanizadas regentadas por tiránicos trileros.

Imbuidos hacia la soledad del lenguaje,
hacia la transmutación de la palabra en número,

hacia el cementerio de antiguos grupos sanguíneos.

Forzados a besar concupiscentes noches ingestas,
a la genuflexión en sus doradas tierras prometidas,
al desprecio del vacío quedo.

Enamorados de las proyecciones de cuerpos de artificio,
de la célebre mierda del ombligo,
del distinguido reflejo de sombras agotadas.

LA VIDA INSTRUCCIONES EN DESUSO

La vida es un sobresalto a media noche,
esos segundos en los que no sabemos si aún dormimos,
ese instante en el que te das cuenta que estás sudado sobre una cama
    que has aceptado como tuya.

La vida es que te cambien los zapatos por unos de un par de tallas más
    grandes,
aprender a caminar tropezando por costumbre,
levantarse con la frente ensangrentada y una sonrisa decidida.

La vida es el peso del dolor ajeno sobre tus magullados hombros,
el reflejo ruin de las decepciones regaladas,
las promesas incumplidas que atenazan tus pasos.

La vida es esa bombona de oxígeno respirando en otro ombligo,
la mirada que dibuja tu sonrisa extraviada,
las palabras que alivian cicatrices supurantes.

La vida es un portazo que estremece tus cimientos,
ese funambulista sorteando huracanes sobre el cable,
unos ojos que se cierran frente al abismo borroso.

La vida es ese cambio de piel de un reptil inesperado,
la renovación del fondo de un armario apolillado,
la necesidad de un GPS que dirija nuestros pasos.

La vida es un billete de lotería colectivo,
el zarpazo de un premio imprevisto,
la maravillosa desnudez del presente sin futuro.

La vida es la tormenta que empapa tus intestinos,
la dulzura que humedece sin preguntar,
los recuerdos que guardas en los pliegues de la almohada.

La vida es ese aliento que no juzga tus errores,
el lugar donde descansas sin exigencias,
el abrazo que no pide requisitos de ningún tipo.

La vida es escalar gélidas montañas escarpadas,
cruzar océanos embravecidos con la fuerza de tus brazos,
disipar las brumas con una respiración profunda y pausada.

La vida es un cachorro extraviado en las fauces de un bosque oscuro,
la bolita borracha de un pinball de madrugada,
los senderos de un mapa sin nombres impresos.

La vida es el ayer reclamando sus tributos mensuales,
el mañana alimentándose de ilusiones frustradas,
el hoy sufriendo una atroz indiferencia.

La vida es esa casualidad que rompe tus esquemas,
la camisa de fuerza en la que nos embute el pavor,
la nostalgia del camino del que nos apartamos.

La vida es el tablero donde reina la muerte,
la partida que ofrece una oportunidad de redención,
la mano en la que jugarle un órdago al destino.

La vida es aprender que no sabemos nada,
descender a tierras desconocidas con la curiosidad de un niño,
inmolarnos con dinamita sin temor a que nuestros miembros salten
    por los aires.

La vida es un teléfono comunicando,
una carta sin remitente,
un tweet directo al pecho sin dedicatoria.

La vida es un viaje inolvidable,
una insignificante aventura más para el cosmos,
la memoria que se comerán los gusanos.

La vida es la respiración entrecortada de un cuerpo a milímetros de
    distancia,
una pistola cargada sobre tu pecho con una bala en la recámara,
el sabor de unos labios que te dejan en los huesos.

La vida es el egoísmo de los titiriteros,
la putrefacta ambición que acribilla inocentes almas,
la inutilidad del dinero.

La vida es el útero que te amamanta para siempre,
las voces que te arrullan sin pedir nada a cambio,
los minutos tallados en tu epitafio invisible.

La vida es una bendita condena para saborear a sorbos,
un regalo envenenado para masticar sin respirar,
el enigma que jamás descifraremos por completo.

LAS PREOCUPACIONES BURGUESAS DEL DÍA A DÍA

Tumbado con dos edredones que aprisionan mis huesos,
entre la humedad de un bajo frío y desnudo,
con la única compañía de Luna Miguel y su poesía is *not dead*.
Una encrucijada asoma entre los matorrales de mi templanza
impostada.

Serán las preocupaciones burguesas de media noche.

El otro día, comiendo de menú (pisto de primero, cazón en adobo de
segundo y un descafeinado con leche),
Juanjo me confesó el problema de un romántico como él:
idealizar a las personas, las expectativas rotas, la incapacidad de
perderse en el ahora.

Serán las preocupaciones burguesas de sobremesa.

No quieres ni pensar en aquella canción del Cigala,
su voz es un bisturí reabriendo cicatrices.
Un lustro son demasiados kilómetros compartidos para un motor que
se gripa en cada curva.
Juanjo insiste en que esta tontería se me va con una noche entre
túneles de papel,
lavabos edénicos y gimnasia vertebral.
¿Y si esa ingesta termina con el sol iluminando un feto con calcetines
de la talla 36?

Serán las preocupaciones burguesas de madrugada.

La noche nubla la comodidad que creías custodiada sobre tu mesita de
  noche,
entre las yemas de tus dedos, en la galería monoteísta que acumula
  polvo sin arrugas.
Te tragas las arcadas suscitadas por tus frenéticas ansías de novedades.
Convulsiones de un corazón que late en un dialecto laísta de eses
  serpenteantes,
aparentemente desgarrado por la desdeñosa juventud que deseas
  contemplar en línea y escribiendo...
Das las buenas noches a Luna afirmando que la poesía, hoy, sí que está
  muerta.
La alarma programada a las 7:10 te recuerda que no puedes justificar
  una ausencia laboral por estos motivos.
Son dos y queman cada uno en su justa medida,
pero el dolor es invisible para la productividad exigida.
Además, mañana tengo una cita con Juanjo para el desayuno (café,
  mollete mixto y cigarrillo confidente).

Serán las preocupaciones burguesas de la mañana.

LA EDAD ES UN NÚMERO INDIGNO

La edad es un número.
Alegas que la edad es un número.
Para mí es una palabra.
El desconocimiento paulatino de la existencia.
La ignorancia revelada a cada paso.
Los testículos avanzando inexorablemente hasta las rodillas.
La misantropía apuntalada en cada presentación.

La edad es un estado mental.
Alegas que la edad es un estado mental.
Para mí es un término.
La resaca que traspasa la mitad de la siguiente semana.
El desprendimiento de pósters adolescentes.
La respiración que suena a agujetas en los cuádriceps.
El himno de la incoherencia ondeando en la guarida.

La edad es una forma de vida.
Alegas que la edad es una forma de vida.
Para mí es un silencio.
El deseo de ver cómo se te caen las tetas hasta las rodillas.
La soberbia obnubilada por el impacto de una erguida espalda tersa.
La ilusión capciosa de asaltar la diferencia con la habilidad del
   lenguaje.
La patraña de envejecer con dignidad.

DENTISTAS

En la sala de espera del dentista.
Observo una ausencia poco relevante para el resto.
¿Dónde están las clásicas revistas de motor, sociedad o hábitos
    saludables?
Ahora solo miramos hacia dentro.
Entre mascarillas y miradas parcas en palabras es imposible descifrar
    las sombras sentadas al lado.
Nos centramos en nosotros mismos.
Esa es la manera que promueven como idónea para alcanzar la
    felicidad, ¿no?
Leemos lo que quiere nuestro algoritmo.
Y el dolor de muelas continúa siendo menos doloroso que el del
    tarjetazo sin anestesia.

POLÍTICA DE AMOR ADOLESCENTE

Maldices tu mala suerte,
pero ya en la jungla te atraían los rugidos Yamaha
o los flashes de la pasarela.
Ni rastro de atención a la tortuga que metía su cabeza en la madera
  garabateada.
Lamentas lo mal que te han tratado,
aunque te atrapa el magnetismo del pitido de negras
o los jardines de narcisos abonados con lubricante estrábico.
Ni puto caso al perrete que mueve su cola cuando escucha el contoneo
  de tus llaves.
Te quejas de tu funesto destino,
sin embargo te han arrastrado las veletas de barrocas formas
o los juegos de lengua de los trileros callejeros.
Ni has reparado en la paloma que anida debajo de tu cama con una
  ramita de olivo en el pico.
No sé cuáles son tus siglas,
cuál tu ideario,
cuál tu partido,
pero las reiteradas excusas de la política apestan,
y ya va siendo hora de que aceptes el resultado
y las consecuencias de las elecciones.

Intento (fallido) de aforismo filosófico que se queda en un pueril mantra de *coach* motivacional de segunda que angustia con sus clichés de andar por casa

Somos todo lo que no nos atrevemos a hacer, el miedo que nos llevaremos a la tumba.

TÚ, TAN HUMANO

Tú, tan humano, en una selva de algoritmos
y recuerdos congelados para recalentar en el microondas.
El amor se desliza entre los dedos con esa frialdad dicotómica y
    disléxica.
Será que aún no has matado a Platón,
que aún crees en la fugacidad sublime de formas imperfectas,
que todavía eres un pollavieja (si es que alguna vez dejaste de serlo).
Al final de la escalera hay dos bolsas de basura atestadas de resquicios
    de lo contingente
(recuerda separar el orgánico del plástico, si es que puedes
    diferenciarlos,
y cierra al salir).
Sientes todo lo que extrañas, el lamento de una contradicción hecha
    añicos.
Al fondo de un enorme bulevar con jardines donde tus piernas se
    asientan seguras
se vislumbra un cartel: CAMAS DE FAQUIR 116 KM
(cortas los frenos y te lanzas en plancha).
"SI SOLO SE TRATABA DE COMER Y FOLLAR
NO SÉ CÓMO LA HEMOS LIADO TANTO" [MEME].
Por la mañana, alguien cercano te dice que se le ha vuelto a reproducir
    el cáncer.
Te corta el cuerpo,
una hostia de realidad,
un escalofrío surfeando tus vértebras.
Te autoconvences de que hay cosas mucho más importantes
que tus pajas infantiles sin esmegma.
Por la noche, vuelta a la tiraera contra el espejo.

Las calles rezuman cobardía alquitranada.

Al menos aquí dentro se está calentito,

envuelto por un ballet de moscas danzando alrededor de tu ego

(la metáfora es que eres una mierda ingente del tamaño de un castells
de paquidermos).

No debería cogeros por sorpresa el último paréntesis.

Recuerda el comienzo del poema (tú, tan humano...).

ME DA SUEÑO LA POESÍA, LOS PARAÍSOS ARTIFICIALES Y LAS NOCHES DE *PARY*

No puedo escribir este poema.
Tengo sueño y la poesía exige surfear el reflujo,
lanzarse de cabeza a la bocanada inesperada.
No me gustan los versos recalentados en el microondas.
Lo único que soporto de este electrodoméstico es su encuentro con la
   leche
ocupando la mitad de un vaso para fundirse con el café
(me gusta hirviendo y sin nata).
Se me cierran los ojos a las 23:12.
¡Estás hecho un viejales!
¡*Papanonno*!
¡Estás abuelado, tío!
Con lo que tú has sido...
Compro la *o* y la *i* y resuelvo: YONQUI
(por favor que no me cante el de La Ruleta o tendré pesadillas).
El poema se me está quedando demasiado largo para subirlo a
   Instagram
(si es que algún día decido hacerme la cuenta (la intención surgió hace
   dos años).
No tengo edad para ser un *instapoet*
(un *boomerpoet* es lo que eres, chavea).
Ni para idolatrar noches de barro helado.
Ni para risas con regusto a vómito, ibuprofeno y picada de maicena
   con cosas
(cocaína: un 10% con suerte).
Ni mucho menos para los rollos de Baudelaire y sus paraísos
   artificiales.

Dándole un poco de distancia, la noche de *pary* se convierte
en esa exnovia que ya no recuerdas.

Un buen (o mal) día te cruzas con ella
y te das cuenta de que ya no tenéis nada de lo que hablar.

Casi no reconoces a quien tantas veces pasó por tu cama
(seguramente, con más pena que gloria).

Pasamos de admirar coches de alta gama,
chalets con piscina
y televisiones de plasma con *home cinema*.

A admirar menús degustación,
vuelos de fin de semana a Dubái
y festivales de música con doscientos grupos en el cartel.

Lo que no dejamos de admirar
(y parece que jamás nos cansaremos)
es nuestra estupidez.

Será porque es infinita.

EL AMOR INSTRUCCIONES DE USO OBSOLETAS

Hablan del amor como si fueran operarios
como ingenieros
como manitas
como si manejaran una herramienta
cuyo perfeccionamiento dependiera
del maldito manual de instrucciones.
De su uso.
Lo utilizan
lo gastan
lo exprimen.
Cuando se vuelve obsoleto
lo cambian.
Empiezan a utilizarlo
(que no a reutilizarlo)
del modo que se ajusta el manual
a la nueva actualización.
Yo aún no sé ni sostenerlo por el mango
¡para meterme con las instrucciones!
no sé ni si tiene mango.
Decido imaginar que lo tiene
un mango ergonómico y estético
¿Y ahora?
¿Cómo se agarra esta cosa?
¿Cómo se colocan las manos?
¿Cómo evitar que el mecanismo salte por los aires?
¿Cómo consigo que un tornillo oxidado no me salte un ojo
me rasgue los labios

me rompa las costillas
me hunda el pecho
me parta la crisma
me arranque la tráquea
me queme las tripas?
¿Cómo manejar con la destreza de los expertos
a un objeto tan autónomo e impredecible
como el lenguaje en el viento?

NARCÓTICO

Después de intercambiar susurros y silencios me dijo:
–Tu boca es como un narcótico.

Hoy entiendo que mis palabras fueron soporíferas.

F41.1

El día apaga sus luces color diazepam.
Los músculos terminan su jornada laboral, dejando de apretar los
    dientes.
El pecho olvida (temporalmente) el motivo de su cólera, la rebelión de
    la intimidad.
Tus pupilas vuelan a lomos de bocetos inalcanzables,
mercenarios aniquilando frustraciones matinales.
El reflejo del sol es una ventana de cartón.
El reflejo del sol es el enemigo.
El reflejo del sol es inmortal.
Que no se te olvide gestionar la baja y avisar a tus jefes:
¿cuánto tiempo calculas que durará tu ausencia productiva?
Los responsables te han llamado para preocuparse por ti.
Los responsables han aparentado que les interesan tus problemas.
Los responsables han ordenado sus números para rendir cuentas ante
    la Soberana Administración.
Como quien va a la carnicería a por su pollo desmembrado
y tiene que coger antes el ticket: número F41.1
Y una baba disruptiva elimina el épico final de este poema,
escrito
a
tirones
en el bloc de notas del teléfono.

CADA VEZ QUE OBSERVO

Cada vez que atisbo Hamás en los diarios
cada vez que leo su rostro en cada angosta cadena televisiva
cada vez que confundo a víctimas con verdugos,
a Verdugo con víctimas,
pienso en la delgada franja entre el genocida y el asesinado,
entre éxodo y conquista,
migración y resistencia,
nosotros/ellos.
(Y) en la broma macabra de las palabras:
Hamás tomará venganza contra Israel
(cuya etimología incierta, y también macabra, reza «el que lucha con
    Dios»).
La transposición del lenguaje afecta a quienes se lo robaron,
cuerpos anónimos que yacen sin lengua,
almas invisibles con la frontera ensartada en la cerviz.

APRENDIENDO A GESTIONAR MIS EMOCIONES, A ACEPTARME Y A QUERERME

De tanto diván de psicoanalista
regado de autoestima por aspersión
gestión de emociones intramuros
cuidado de ombligo y aledaños
neoliberal sueño antisistema
frustración que,
cual rayo,
no cesa.
De tanto vómito contra la cara de su persona de confianza a 60 napos
   la sesión
se le olvidó la forma recurrente de la pregunta
sacar la basura a cuatro manos
la inspiración de su lengua materna
y hasta la expiración del rostro de su infancia.

EL GRAN BATIDO DE LECHE DEL COSMOS / PALIMPSESTO

Escritura, sempiterno palimpsesto.
El verso naciente
preservado
destruido
renacido.
Der Große Milkshake au lait del cosmos.
Olas que rompen en aguas estancadas
donde mora una resaca añil
que nos arrastra hasta el fondo.
(Y) nuestra única obsesión:
beber el cieno a manotazos
meternos los dedos
vomitar los intestinos.
Tú me dices que la obsesión no es única: "Son tres".
Yo contesto que son uno y trino: "La trimurti del poeta".
Volver a tragar el magma
mientras nos hundimos en las profundidades.

CASA SIN ESPEJOS

He volado a golpe de nudillo
todos los espejos de mi casa.
Los kilómetros reflejan
arrugas gastadas
de un peregrino de ida y vuelta,
de una errancia del templo a la herejía,
de un ateo tan añorante de altares.
Solo conservo el espejo del teléfono móvil.
He padecido alguna que otra infección de encías.
Demasiado tabaco.
Nefasta higiene bucodental.
Debo controlar mi dentadura después de cada cepillado por
    preinscripción de mi dentista.
Aunque mis dientes sean de leche en tu ausencia.
Aunque mi rostro se transcriba en tu lengua *mater*.
Aunque preferiría arrancarme los ojos,   ·
enviártelos por correo certificado
y que los engulleras sin masticar.
Así quedarían atrapados,
contemplando eternamente mi lugar favorito.
Lástima que los necesite para trabajar.
Lástima que necesite trabajar.
Lástima trabajar
para volar a golpe de pasaporte
todos los vacíos de mi casa.

HOY ME HA RECORDADO FACEBOOK

Hoy me ha recordado Facebook una foto de hace 10 años.

Sí, Facebook.

Todavía lo uso de vez en cuando.

Y cuando lo hago intento justificarme asegurando que me meto muy
    de higos a brevas.

Me refiero a meterme en Facebook, eh.

Lo otro hace tiempo que lo aparté de mi vida.

Sí, soy un millennial.

Y un boomer.

Usar la palabra boomer ya es bastante significativo y generacional.

La generación que sostiene la ilusión de la felicidad efímera.

La del grunge, las pornos en CD y la calle como escuela.

La de los buenos dibujos animados, las buenas películas y la buena
    música.

La del anquilosamiento y la idealización TDT.

La del escupitajo impúdico a lo tecno.

Y entre todo el Metauniverso zuckerbergiano tenías que aparecer Tú.

Precisamente hoy, día de defensas bajas, hastío existencial y nostalgia
    floreciente.

Entre toda la maraña de metadatos, el algoritmo ha tenido que venir a
    joderme el día a mí.

Y a ti, indirectamente, porque existe una alta probabilidad de que te
    envíe este poema por WhatsApp

(si es que a esto se le puede llamar poema),

por eso de compartir el peso de aquel amor que pudo haber sido.

Un vestido negro ajustado, unas medias tupidas y tu eterna sonrisa
    como anzuelo.

He pensado que vaya cuerpazo tienes todavía, que estás guapísima y
    que los años te sientan como al buen vino

(que tampoco sé muy bien lo que significa esto porque siempre he sido
    más de cerveza).
He decidido no incluir el comentario anterior en el poema por si me
    acusan de machirulo,
de señoro,
de pollavieja
o, simplemente, de cosificador,
aunque Tú y yo sabemos que lo nuestro fue mucho más que un simple
    impulso físico.
Pero hoy he sentido un intenso chispazo sexual.
Entonces he comenzado a stalkear tu cuenta
(creo que ahora se llama así a husmear en la intimidad pública de
    alguien).
Y en esas ha aparecido la foto: Tú en Granada
(solo estas tres palabras ya son un poema en sí),
a horcajadas en un banco de Plaza Nueva,
cabalgando sobre la inconsciencia de los dieciocho,
abrigando una lata de Alhambra de medio litro y unas Ruffles york
    queso entre las piernas
(diría que es un paraíso perfecto en el que refugiarse del hostil mundo
    exterior,
pero me lo guardo para mí porque estoy en pleno proceso de
    deconstrucción).
Y en esas ha aparecido el recuerdo.
La luz del norte en las empedradas calles del Albaycín.
Una reunión musical en la casa de un narco de chichinabo.
Tu imprudencia cuasi adolescente arrastrada a la cueva del lobo.
La impulsiva y apasionada reconfiguración de tu ruta vacacional.
Un terremoto en los cimientos de tu estabilidad.
Un autobús a Vitoria.
Una herriko taberna.

Una ducha compartida.

Muchas risas.

Un cumpleaños infantil.

Una pastilla del día después.

Una despedida en la estación.

Muchas lágrimas.

Distancia.

Deseo.

Anhelo.

WhatsApp.

Mucho WhatsApp.

Demasiado WhatsApp.

Un autobús a Granada.

Un corazón desbocado.

Un paseo por la feria.

Una ilusión.

Otra despedida en la estación.

Más lágrimas.

Más distancia.

Un proyecto futuro.

Un futuro incierto.

Un incierto pasado.

Un pasado revuelto.

Un revuelto domingo.

Un domingo desierto.

Un desierto recuerdo.

El recuerdo del amor que pudo haber sido.

El recuerdo quizá idealizado.

El recuerdo de habernos quedado a medias,

de no haber apostado lo suficiente,

de no luchar hasta desgarrar el último milímetro de nuestra piel.

El recuerdo de los besos desperdiciados,
de los orgasmos perdidos,
de los abrazos partidos.
El recuerdo de los viajes que nunca hicimos,
de las nocheviejas que no celebramos,
de las borracheras que no compartimos.
El recuerdo del hogar que no forjamos,
de los hijos que no tuvimos,
de la familia que jamás formamos.
El recuerdo de las discusiones absurdas,
de la rutina asfixiante,
del aburrimiento cómplice.
El recuerdo del posible nosotros.
El recuerdo del amor que fue, es y será.
Entre toda la maraña de metadatos, el algoritmo ha tenido que venir a
sacarme una sonrisa quebrada.
Hoy me ha recordado Facebook un amor de hace diez años.
Hoy me ha recordado Facebook que todavía te sigo amando,
que todavía sigo amando tu recuerdo.

PICADERO FRENÉTICO DE SEXO Y POESÍA

—Tengo ganas de hacer el amor contigo.

—¡¿Qué dices!? ¿No te estarás enamorando?

Me contestaste en aquella frenética habitación de hostal.

—Es por no follar siempre, se me hace repetitivo.

—¿A qué te refieres? ¿Ahora te me vas a poner en plan cursi?

Me soltaste en aquel picadero que alquilamos por horas.

—No sé, me apetece...

Repetí, y me dijiste que fuera claro contigo como siempre lo había sido, que no me las diera de misterioso porque no soportabas mendigar palabras ajenas.

—Quiero que lo hagamos sin prisa, mirándonos a los ojos, recorriendo cada esquina de nuestros cuerpos, cada poro de nuestras mentes.

—Me estás cortando el rollo con tanta poesía.

Al final terminamos follando como animales, empotrando el momento con las ansías de dos adolescentes en celo.

Yo escribí un poema cobarde sobre un polvo imaginario.

Y aún sigo anhelando mirarte a los ojos mientras creamos un amor cursi, eterno y con fecha de caducidad al dorso.

CARTA DE UN POETA DE TERCERA A UNA ACTRIZ DE SEGUNDA

Tú eras una actriz de segunda,
yo un poeta de tercera (siendo generosos).
Tuvimos un amor fugaz
de unos días
de unas horas
acaso unos minutos
no nos dio tiempo ni a follar.
El sexo no siempre es tan necesario para enamorarse,
no tanto como nos han vendido los gurús del marketing pornográfico.

Pero nos amamos
nos amamos intensamente
en un karaoke de garaje bajo la égida del primer Alejandro Magno
(Alejandro Sanz para los neófitos).
En el trasnoche de una mañana de cloro y resaca venidera
en el allanamiento de una intimidad nerviosa y expectante,
de un hogar incómodo y ansioso.
En unos besos acelerados entre el polvoriento pasado de un ajado
    monumento memorial
de un pueblo de nombre ignoto,
del útero de apellido común que compartimos.

Después, lo de todos los finales:
lugares comunes
platos rotos
rumores infundados
mentiras decepcionantes.

Algún insulto decorativo
y demasiada purpurina.
Demasiado adorno para tan poca chicha.
Demasiada sal para tan corta herida.
Y demasiado tiempo de silencio
para la admiración de un poeta de tercera a una actriz de segunda.

AEROPORTO DI NAPOLI: PARTENZE

En esta nada de cuerpos sin rostro,
deambulando hacia las fauces del Gran Falo de Babilonia,
irrumpe tu ausencia como una botella descorchada en el mundo
cuántico,
lanzando el corcho que me encuentra donde quiera que esté.
La nueva especie en desarrollo reduce mi tamaño para poder acceder
a él.
Benvenuti all' evoluzione:
columnas de huesos elásticos que se arquean en dirección al fondo de
la Tierra,
excretando su impersonal mirada a través de modernas extremidades
de sudor y cicatrices.
Incapaces de oír el amor ni aunque les explote en los tímpanos.
Tu ausencia amplifica la potencia receptiva de mis poros
y alzo la vista hacia el nacimiento de un nuevo universo
incomprensible.
Dos desconocidos se despellejan sin tocarse,
se devoran sin mirarse,
se aman sin necesidad de hablar;
aunque el lenguaje de las teclas los condena a una pasión fugaz y
eterna.
Atraviesan este vacío de Bach a Einaudi, de Chopin a Tiersen;
agujero de gusano cuyo ritmo los aboca a una pequeña muerte,
a un naufragio en las yemas de sus ligeros dedos.
No hay hueco para el corrosivo sistema patriarcal entre las partituras
de lo instantáneo.
Ella ni se plantea que todas las piezas que están acariciando están
compuestas por hombres.

Returns to The Big Babilonia's Falo.

Tú ya estarías pensando en cómo follártela,

en la estrategia para arrastrarla a los baños,

en la forma de convencerla para que, al menos, te hiciera una
    mamada.

Tu pensamiento es tan medieval como la mirada analfabeta de las
    hordas de turistas.

Tú no entiendes de conexiones cósmicas,

solo del apestoso amor cortés.

La Merda de la burguesía.

La soledad comienza a fluir por mis venas

y mis pupilas se habitúan a la putrefacción.

Todo acompañado por la disonante sinfonía de ruedecillas de maletas
    atropelladas.

La perspectiva muta desde el primer pinchazo de tu ausencia.

Me convierto en un ser despreciable de pluma afilada.

Y me la sudan los imbéciles que tengo alrededor,

la Guerra de Ucrania,

los niñatos que se tragan mis mentiras

o los insufribles enamorados del pianito de las narices.

Me la traen floja todos los estúpidos con los que comparto especie:

el cambio climático,

la mediocre literatura

y esta basura de poema.

Por encima de todo, me importo un carajo yo mismo.

Solo deseo cruzar el reverso de las puertas de embarque.

Esta distancia ha *rutt' o cazz'!*

ÍNDICE